Trânsito 1

Silvio José Mazalotti de Araújo

Graduado em Direito (UFPR). Coronel da Reserva da Polícia Militar do Paraná.

Marli Tereza de Araújo Honaiser

Graduada em Pedagogia.

 1ª edição
Curitiba
2013

Saber e agir no trânsito

Dados para catalogação
Bibliotecária responsável Luciane Magalhães Melo Novinski
CRB 1253/9 – Curitiba, PR.

Araújo, Silvio José Mazalotti de.

Trânsito : saber e agir no trânsito, 1 / Silvio José Mazalotti de Araújo, Marli Tereza de Araújo Honaiser ; ilustrações Adriano Loyola, Ivan Sória Fernandez – Curitiba : Base Editorial, 2013.
64p. : il. ; 28 cm – (Coleção Trânsito, v.1)

ISBN: 978-85-7905-773-1
Inclui bibliografia.

1. Trânsito. 2. Segurança no trânsito. 3. Transporte. 4. Pedestre. I. Honaiser, Marli Tereza de Araújo. II. Título. III. Série.

CDD (20ª ed.) 388.31

Trânsito : saber e agir no trânsito, 1
© Marli T. de A. Honaiser; Silvio J. M. de Araújo.
2013

Ficha técnica

Conselho editorial
Mauricio Carvalho
Oralda A. de Souza
Renato Guimarães
Dimitri Vasic
Carina Adur de Souza

Coordenador editorial
Jorge Alves Martins

Editor
Carmen Lucia Gabardo

Iconografia
Osmarina F. Tosta

Revisão
Caibar Pereira Magalhães Júnior
Lucy Myrian Chá

Projeto gráfico e capa
Fernanda Luiza Fontes

Editoração
CWB design

Ilustrações
Adriano Loyola
Ivan Sória Fernandez

Editoração Eletrônica e finalização
Solange Eschipio

Base Editorial Ltda.
Rua Antônio Martin de Araújo, 343 • Jardim Botânico • CEP 80210-050
Tel.: (41) 3264-4114 • Fax: (41) 3264-8471 • Curitiba • Paraná
www.baseeditora.com.br • baseeditora@baseeditora.com.br

CTP, Impressão e Acabamento
IBEP Gráfica

Apresentação

Olá crianças,

Transitar é uma tarefa que executamos todos os dias.

Nos parques, nas praças, nas vias públicas, muitas e muitas pessoas, veículos e animais circulam para lá e para cá.

Para que esse movimento seja harmonioso e que não cause danos ou transtornos a ninguém, é preciso que todos o façam com respeito, atenção, cooperação, obediência às normas e sem violência. Assim, todos nós somos responsáveis pelo trânsito, como pedestres ou condutores de veículos e temos que fazer a nossa parte.

Dessa forma, nós, os autores deste livro, pretendemos orientá-los para uma ação responsável, a fim de que possamos viver com mais segurança todos os dias por onde quer que andemos.

Os autores.

Sumário

1. O espaço em que transito 8

Participo do trânsito como pedestre 8

A importância de ver, sentir e ouvir 11

Sinalização por gestos 14

    Eu no trânsito 17

    O espaço onde transitamos 19

As vias de trânsito 25

2. Meios de transporte 29

Os meios de transporte 29

Classificando os meios de transporte 30

Transportes antigos 36

3. Sinalização 47
Comunicação no trânsito 47
Os semáforos... 48
As faixas de travessia 52
Placas de sinalização..................................... 57

4. Segurança do pedestre 62
Sou responsável no trânsito 62

Referências 64

Saber e agir

Na convivência

Na evolução dos transportes

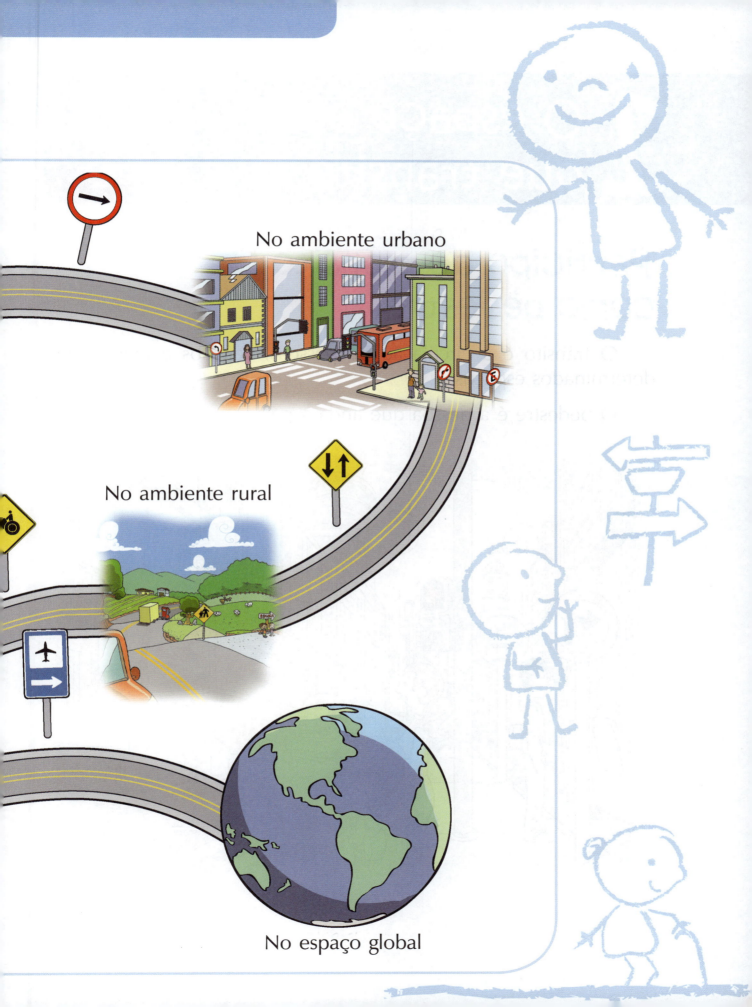

1 O espaço em que transito

Participo do trânsito como pedestre

O trânsito é a circulação de pessoas, veículos e animais em determinados espaços.

O pedestre é a pessoa que anda a pé.

Vamos observar!

Observe!

Nos espaços de trânsito, alguns se movimentam rapidamente e outros lentamente.

Cada um tem um ritmo próprio e deve obedecer às normas e sinalizações que garantem a sua segurança.

1. Circule, nos quadros abaixo, os que transitam rapidamente.

2. Coloque "X" naqueles que se movimentam lentamente.

Vamos praticar

Pratique!

3. Recorte, de revistas e jornais, figuras humanas que se movimentam lentamente no trânsito e cole-as no quadro abaixo.

A importância de ver, sentir e ouvir

Eu gosto de caminhar
Sou um pedestre e vou transitar
Sou responsável e tenho cuidado
O trânsito vou observar.

Olho com muita atenção
Antes da rua atravessar
As cores do semáforo e faixas de travessia
Devo utilizar.

Ouço os vários sons
Que no trânsito estão
Buzinas, sirenes, apitos
Eu posso diferenciar.

O cheiro dos poluentes
Eu não gosto, não
Mas todos os ambientes
Eu vou ter que observar.

# Perceba!

1. Observe as situações de trânsito apresentadas nos quadros abaixo:

( )  ( )

( )  ( )

2. Nos quadros da página anterior, marque com um X as situações em que o pedestre utilizou a audição.

Fique atento!

1. Observe os quadros com muita atenção e descubra as 7 diferenças apresentadas:

Sinalização por gestos

No sistema de trânsito, os agentes policiais militares ou agentes municipais de trânsito usam os braços para dar orientações aos motoristas e aos pedestres.

Desenvolvendo a criatividade

Crie!

1. Com seus colegas, dramatizem os gestos do agente de trânsito representado na cena abaixo. O agente controla e orienta o fluxo de pedestres e veículos, tornando o trânsito seguro para todos.

2. Pinte de verde os veículos que seguem à direita e de azul os que seguem à esquerda:

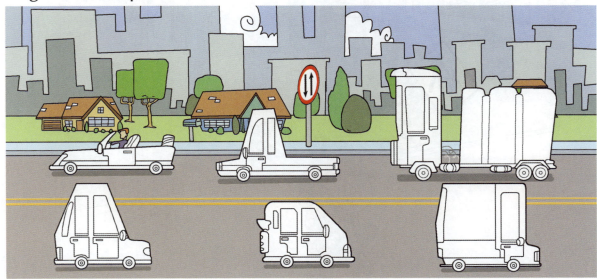

15

3. Pinte os veículos que transitam nesta direção:

4. Observe o agente ou o monitor que cuida do trânsito na frente de sua escola. Relate o que você observou.

16

Eu no trânsito

Num ambiente de trânsito, quando estou caminhando, sou um pedestre e transito sobre as calçadas.

Quando estou dentro de um veículo em movimento sou um passageiro, portanto, devo sentar no banco de trás e usar o cinto de segurança.

Fique atento

1. Cole sua foto no local indicado:

2. Pinte a ilustração que representa uma situação correta no trânsito.

O espaço onde transitamos

As cidades são organizadas em ruas, quadras, praças, parques, bairros...

Nas localidades rurais há vilas e povoados que são ligados por rodovias e estradas.

Nesses locais transitam veículos e pessoas. Os veículos utilizam as vias e os pedestres utilizam vias marginais, caminhos ou trilhas paralelas às rodovias.

Ao transitar, todos percorrem longas ou curtas distâncias.

 Praticando com criatividade

Crie!

Recorte, de revistas e jornais, imagens de pessoas e veículos transitando em diversos lugares. Cole-as nos quadros a seguir:

Trânsito nas calçadas

Trânsito nas rodovias

Trânsito nos caminhos paralelos às rodovias

Trânsito nas praças

Localizando-se no espaço

Localize-se!

1. Relate aos seus colegas o trajeto que você faz para vir à escola. Diga se a sua residência é perto ou longe da sua escola.

2. Complete o quadro:

Sou um pedestre

Moro na rua: _____

Bairro: _____ Cidade: _____

Estudo na escola: _____

Rua: _____

Bairro: _____ Cidade: _____

23

3. Identifique, e marque com um X, o meio de transporte que você utiliza no trajeto de sua residência à escola:

As vias de trânsito

No trânsito, as vias são utilizadas por pessoas, veículos e animais. Elas podem ser largas, estreitas, movimentadas, sinalizadas ou não.

Para nossa segurança no ambiente de trânsito, devemos atravessar as vias na faixa de travessia com o sinal verde para pedestres e sempre em linha reta, para ficarmos menos tempo expostos ao perigo.

As passarelas são os lugares mais seguros para a travessia das vias.

Nas pistas com tráfego de veículos nos dois sentidos, devemos sempre olhar com muita atenção para os dois lados antes da travessia.

Observe!

1. Nas ilustrações abaixo, escreva: 1 – para via estreita; 2 – para via larga e 3 – para via sem sinalização:

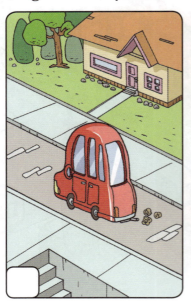 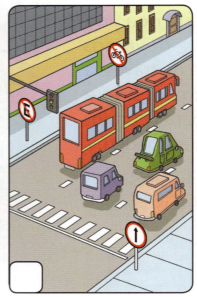 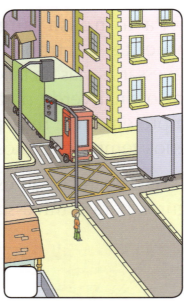

2. Nos quadros abaixo, quantos passos cada pedestre deu para atravessar a rua?

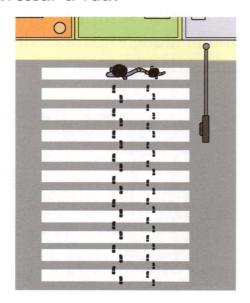 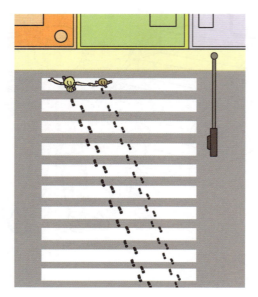

3. Agora pinte, no quadro da página anterior, a situação mais segura para atravessar uma via de trânsito.

4. Recorte as figuras dos veículos abaixo e cole-as na via, nos dois sentidos.

2 Meios de transporte

Os meios de transporte

Os meios de transporte são muito importantes porque são utilizados para levar pessoas e produtos de um local para outro.

Conforme a utilidade, eles podem ser grandes, médios, pequenos, lentos ou velozes, e transitar em diferentes locais.

Classificando os meios de transporte

Os meios de transporte que transitam sobre a superfície terra são os terrestres.

Os que se deslocam pelo ar são aéreos.

E os que se deslocam pela água são aquáticos.

Pratique!

1. Desenhe os meios de transporte que você já utilizou:

2. Circule os meios de transporte mais utilizados na localidade onde você mora:

3. Ligue os pontos para descobrir qual meio de transporte está representado abaixo:

4. Este veículo transporta muitos produtos. Ligue os pontos para saber qual é:

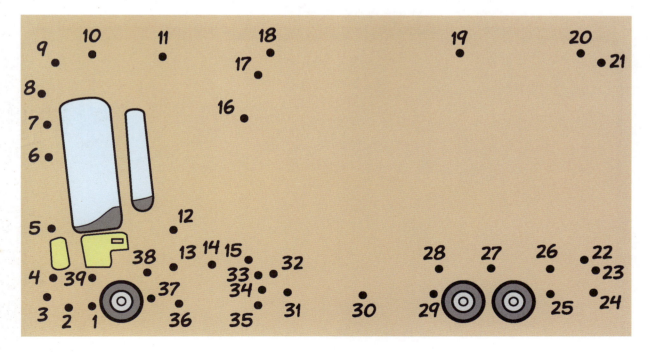

5. Ele transporta nossa família. Vamos saber qual é?

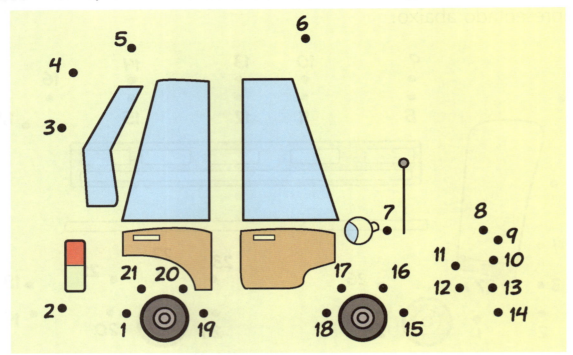

6. Desenhe, no quadro abaixo, um meio de transporte que você ainda não utilizou.

7. Recorte os meios de transporte abaixo e cole-os no quadro, em seu local adequado:

Transportes antigos

Estes eram os meios de transporte de antigamente. Eles transportavam pessoas e produtos.

No meio urbano

No meio rural

Jogue e aprenda!

1. Em duplas. As cartas devem ser distribuídas e ficar viradas com as estampas para baixo.

   Cada jogador, na sua vez de jogar, virará uma carta que, se coincidir com a de seu companheiro, marcará ponto para a dupla.

   Vence o jogo a dupla que alcançar o número de pontos determinado anteriormente.

   * Combinar, antes de começar o jogo, até que pontuações deverão jogar para que seja conhecido o vencedor.

Navio

Carro

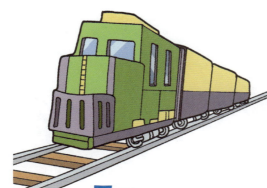
Trem

Balão

Carruagem

Foguete

Avião

Motocicleta

39

Recorte e cole em uma cartolina.

Navio

Carro

Trem

Balão

Carruagem

Foguete

Avião

Motocicleta

Recorte e cole em uma cartolina.

Carro de boi

Bonde

Jipe

Caminhão

Ônibus

Locomotiva

Trator

Bicicleta

43

Recorte e cole em uma cartolina.

Carro de boi

Bonde

Jipe

Caminhão

Ônibus

Locomotiva

Trator

Bicicleta

Recorte e cole em uma cartolina.

3 Sinalização

Comunicação no trânsito

As pessoas sempre utilizaram símbolos para se comunicar.

Na Antiguidade, quando ainda não sabiam escrever, desenhavam a sua história nas paredes das cavernas.

Hoje, usamos vários símbolos na nossa comunicação.

No sistema de trânsito, a sinalização é muito importante, pois serve para orientar os pedestres e os condutores de veículos que se movimentam nas vias públicas.

A comunicação no sistema de trânsito é feita principalmente por semáforos, faixas de travessia e placas de sinalização.

Os semáforos

Semáforo para veículos: sinaliza o trânsito de veículos por meio de cores.

Vermelho – sinal fechado: os veículos devem parar.

Amarelo: significa atenção.

Verde – sinal aberto: os veículos devem seguir.

Semáforo para pedestre: apresenta duas cores.

Vermelho – PARE: o pedestre deve aguardar sobre a calçada.

Verde – SIGA: o pedestre pode atravessar a rua.

Entenda!

1. Complete:

   O semáforo para veículos apresenta as cores

   _____ **Pare**

   _____ **Atenção**

   _____ **Siga**

   O semáforo de pedestre apresenta as cores:

   _____ **Pare**

   _____ **Siga**

   Em alguns lugares, existem outros tipos de semáforos para veículos e pedestres:

2. Faça a cruzadinha utilizando as cores do semáforo de veículos.

1. **Vermelho**
2. **Amarelo**
3. **Verde**

Crie!

3. Recorte os elementos que estão abaixo, pinte cada um deles e cole-os no lugar adequado.

Veículos

Pedestres

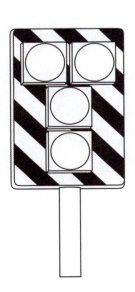
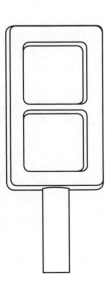

As faixas de travessia

Faixas de travessia são listras pintadas na pista que servem para indicar o lugar certo para o pedestre cruzar a via.

Geralmente são colocadas em esquinas, cruzamentos de vias e na frente de escolas.

Fique atento

1. Monte, no quadro abaixo, uma faixa de travessia, usando palitos e cola:

2. Circule as cinco diferenças encontradas nas duas situações de trânsito apresentadas abaixo:

3. Na cena abaixo, marque um "X" nas situações perigosas que você observou.

4. Recorte e monte o quebra-cabeça:

Placas de sinalização

Respeitar as mensagens das placas de sinalização de trânsito é dever de todos nós, porque assim estaremos garantindo a segurança no sistema de trânsito.

Vamos praticar

Pratique!

1. Observe as crianças que estão segurando placas de sinalização de trânsito. Vamos fazer a correspondência:

2. Recorte as placas de sinalização de trânsito e cole-as no espaço correto:

Área escolar	Ciclista	PARE
Crianças	Dê a preferência	Proibido trânsito de pedestre

3. Pinte as placas de sinalização nas cores corretas:

  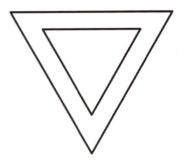

Passagem sinalizada de pedestre • Pedestre: ande pela direita • Dê a preferência

  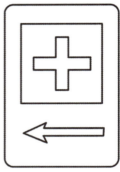

Proibido trânsito de pedestre • Passagem de pedestre • Pronto-socorro

4. Ligue as placas de sinalização de trânsito à sua forma geométrica:

Proibido trânsito de bicicletas

Dê a preferência

Deficiente

Passagem sinalizada de pedestre

4 Segurança do pedestre

Sou responsável no trânsito

Presto muita atenção
Quando no trânsito estou,
Sou responsável e sei
O semáforo respeitar.

A faixa de travessia
É o lugar seguro para cruzar
Sempre em linha reta
Vou a rua atravessar.

As placas de sinalização de trânsito
Vão sempre indicar
Qual será a ação
Para a vida assegurar.

Sou responsável
E no trânsito vou cooperar
Atitudes de respeito
Sempre vou praticar.

Pratique!

Dê sequência à história, enumerando os quadros abaixo:
Um dia, Lucas e seu pai saíram de casa para passear.

Referências

KUTIANSKI, Maria Lúcia A.; ARAÚJO, Silvio J. Mazalotti de. Educando para o Trânsito – Educação Infantil. São Paulo: Kalimera, 1999.

DEPARTAMENTO DE TRÂNSITO E SECRETARIA DE EDUCAÇÃO DO ESTADO DA BAHIA. Projeto de Educação de Trânsito, Salvador, 1999.

CÓDIGO DE TRÂNSITO BRASILEIRO. Imprensa Nacional, Brasília, 1998.

SITES

<www.criançasegura.org.br>

<www.educardpaschoal.org.br>

<www.ufrgs.br/GPECT>

<www.transitocomvida.ufrj.br>

<www.detranpr.gov.br>

<www.detranrr.gov.br/projetotransitar>